100 Tipps für eine bessere Präsentation

Praktische Ratschläge für Redner, Referenten, Trainer, Speaker, Lehrer und Verkäufer!

2. erweiterte Ausgabe

Von Edward Buth

Impressum

100 Tipps für eine bessere Präsentation

Praktische Ratschläge für Redner, Referenten, Trainer, Speaker, Lehrer und Verkäufer!

von Edward Buth

Der vorliegende Titel wurde mit großer Sorgfalt erstellt. Dennoch können Fehler nicht vollkommen ausgeschlossen werden. Der Autor und das Team von **www.biohacking24.de** übernehmen daher keine juristische Verantwortung und keinerlei Haftung für Schäden, die aus der Benutzung dieses E-Books oder Teilen davon entstehen. Insbesondere sind der Autor und das Team von **www.biohacking24.de** nicht verpflichtet, Folge- oder mittelbare Schäden zu ersetzen.

Alle Warennamen werden ohne Gewährleistung der freien Verwendbarkeit benutzt und sind möglicherweise eingetragene Warenzeichen. Der Verlag richtet sich im Wesentlichen nach den Schreibweisen der Hersteller.

Cover-Foto: © pixel_dreams - Fotolia.com

E-Book-Produktion und -Distribution

Redaktionsbüro Lindo

NEU: Die Seite zur persönlichen Optimierung:
www.biohacking24.de

Scan mich! Weitere Ratgeber, die ebenfalls für Sie
interessant sind!

ISBN: **9781091163577**

Imprint: Independently published

Updates für dieses Buch

Sicherlich werden in den nächsten Tagen und Wochen noch weitere Ergänzungen zu Ihrer persönlichen Leistungssteigerung erscheinen. Wir halten Sie natürlich auf dem Laufenden, so dass wir die Inhalte in regelmäßigen Abständen aktualisieren.

Auch wenn Amazon für diese Fälle eine spezielle automatische Aktualisierung bietet, kann es teilweise bis zu sechs Wochen dauern, bis ein einzelner Titel automatisch aktualisiert wird und somit die Leser die neuen Inhalte auch erhalten.

Dies beansprucht immer viel Zeit. Alternativ können Sie, sofern Ihnen bekannt ist, dass es ein Update zu diesem eBook gibt, den Support von Amazon per Mail anschreiben. Ihnen wird dann das Update dieses Buches manuell eingespielt. Dies geschieht meist innerhalb von24 Stunden.

eBook Update: Spaß und Unterhaltung mit Alexa

Daher tragen Sie sich einfach auf folgender Webseite (**biohacking24.de/ebook-update-100-tipps-fuer-eine-bessere-praesentation**) ein, die wir für unsere Kunden und Leser eingerichtet haben.

Wir verständigen Sie per E-Mail zeitnah, wenn eine aktuelle Überarbeitung der Inhalte vorliegt. So müssen Sie nicht wochenlang auf ein automatisches Update von Amazon warten. Oder scannen Sie den notwendigen Link per QR-Code direkt ein. Scan mich!

Inhaltsverzeichnis

Idee dieses Buches

Die beste Idee oder die tollste Innovation lässt sich nicht vermitteln, wenn diese mit einer schlechten Präsentation dargeboten wird. Im Zeitalter eines ständig wachsenden Informationsangebotes und einer permanenten Reizüberflutung wird es für Sie immer wichtiger, Ihrem Publikum in kürzester Zeit die wesentlichen Informationen zu vermitteln.

Es geht nicht darum, eine inhaltliche Unterstützung zu geben. Dies müssen Sie schon selbst in die Hand nehmen. Wir gehen davon aus, dass Sie Ihr Thema inhaltlich beherrschen. Dieses Buch konzentriert sich ausschließlich auf Ihre eigene Präsentation. Wie können Sie Ihre Inhalte besser und effektiver vermitteln. Auf den nächsten Seiten finden Sie Anregungen und Tipps, die in erster Linie auf Ihre Person abzielen. Im Mittelpunkt stehen das eigene Verhalten und die innere Einstellung. Zudem finden Sie Ratschläge zur besseren Organisation und dem gelungenen Umgang mit Ihrem Publikum.

Alle Tipps stammen aus der Praxis und stellen eine Zusammenfassung von eigenen Erfahrungen dar. Viele Ratschläge wurden in Rahmen einer langjährigen Tätigkeit als Dozent und Vertriebsmitarbeiter entwickelt. Alle Anregungen sind direkt aus der direkten Situation vor einem Publikum entstanden. Jeder einzelne Tipp lässt sich daher problemlos auf die eigene Situation anwenden.

Wichtig ist, dass die vorhandenen Anregungen auch praktisch umgesetzt werden. Nur das Lesen der Ratschläge wird keine erhoffte Verbesserung bei der nächsten Präsentation bewirken. Ziehen Sie sich für die nächste, anstehende Präsentation einen oder mehrere Tipps heraus und setzen diese in die Tat um. Sie werden sehr schnell die gewünschte Verbesserung am eigenen Leibe und natürlich durch die positive Resonanz Ihrer Zuhörer erfahren.

Grundsätzlich ist es ein langer Weg bis zum absoluten Präsentations-Profi. Hier gilt die alte Weisheit: „Übung macht den Meister". Versuchen Sie permanent an Ihren Fähigkeiten im Zusammenhang mit dem Präsentieren zu arbeiten. Diese 100 Tipps bieten eine Fülle an Ansätzen für die persönliche Verbesserung. Nutzen Sie diese Chance.

Viel Erfolg wünscht Ihnen

Edward Buth

Besser Präsentieren

Noch immer gilt die einfache Regel ´ein Bild sagt mehr als tausend Worte´. Was bereits seit vielen Jahren seine Gültigkeit hat, findet auch heute noch in der computerisierten Welt seine Berechtigung. Ob in gedruckter Form oder auf dem Bildschirm, grundsätzlich gilt für eine gute Präsentation eine simple Regel: Einfach und klar muss sie sein. Zusätzlich schaffen Sie durch den gezielten Einsatz von grafischen und multimedialen Elementen Aufmerksamkeit.

Die Botschaft muss eindeutig, präzise und konkret das Publikum erreichen. Beachten Sie diese einfachen Maßregeln, so besitzen Sie ein effektives Rüstzeug, das bei jeder anstehenden Präsentation den Erfolg garantiert. Machen Sie sich zu Nutze, dass die grafisch umgesetzte Information eine Vielzahl von Vorteilen gegenüber dem geschriebenen Wort besitzt. Bereits mit wenig Aufwand erreichen Sie das gewünschte Ziel.

100 Tipps für eine bessere Präsentation

Was hilft Ihnen die beste Gestaltung, wenn Sie sich nicht an bestimmte Grundregeln halten. Trotz Technik und multimedialer Darbietung entscheidet immer noch der Mensch über Erfolg und Misserfolg der Präsentation. Daher halten Sie sich an einige Grundregeln, die den Erfolg garantieren:

1. Niemals unvorbereitet in eine Präsentation gehen

Sie dürfen niemals in eine wichtige Präsentation gehen, für die Sie nicht ausreichend vorbereitet sind. Wählen Sie ein Thema, dass Sie interessiert. Erhalten Sie ein vorgegebenes Thema, dann müssen Sie sich zwingend in das Thema einarbeiten. Besorgen Sie sich alle relevanten Informationen zu dem vorzutragenden Thema. Wenn Sie nicht ausreichend vorbereitet sind, hilft Ihnen auch die beste Präsentationstechnik nicht, das Publikum wird es bemerken. Inhaltliche Fehler lassen sich kaum durch eine gute Präsentation überdecken.

2. Übung macht den Meister

Bisher ist noch kein Meister vom Himmel gefallen. Dies gilt auch beim Präsentieren. Daher steht an erster Stelle das stetige Arbeiten an Ihren Präsentationstechniken. In der Regel gibt es viele Anhaltspunkte beim Präsentieren, an denen man feilen kann. Üben, üben und nochmals üben. Sorgen Sie dafür, dass Sie alle verwendeten Komponenten Ihrer Präsentation stetig verbessern. Dies gilt natürlich auch für das Vortragen der Inhalte und die Gestaltung Ihrer Präsentation.

Idealerweise tragen Sie die nächste Präsentation einigen vertrauten Personen vor, die sich anschließend kritisch über die Darbietung äußert. Nur so lassen sich in kürzester Zeit diverse Dinge an Ihrer Präsentation verbessern. Bereiten Sie sich ausreichend auf die Präsentation vor. Probieren Sie den gesamten Vortrag bereits im ´stillen Kämmerlein´ aus.

3. Arbeiten Sie mit einer Stoppuhr

Eine der wichtigsten Komponenten bei einer Präsentation ist zweifelsohne das korrekte Einhalten der Zeit. Wenn Sie eine Präsentation von 15 Minuten planen, dann müssen Sie exakt nach 15 Minuten Ihre gesamte Präsentation durchgezogen haben. Wer wesentlich mehr oder weniger Zeit benötigt, hat einen Fehler bei der Planung gemacht oder hat sich im Vorfeld keinen genauen Zeitplan bereitgelegt.

Legen Sie sich während der eigentlichen Präsentation eine Uhr bereit. So haben Sie permanent die genaue Zeit im Auge. Idealerweise haben Sie Ihre Präsentation bereits mehrmals geprobt, so dass Sie eine ungefähre Vorstellung vom Ablauf der Präsentation haben. Legen Sie so zeitliche Meilensteine innerhalb der Präsentation fest, die Sie dann während des eigentlichen Vortragens unbedingt einhalten sollten.

4. Reden Sie nicht um den heißen Brei herum

Sorgen Sie dafür, dass Ihre Präsentation straff und gradlinig auf den Punkt kommt. Erzählen Sie keine langwierigen Anekdoten, sondern transportieren Sie das vorgegebene Thema gut verständlich für Ihr Publikum. Verzichten Sie auf Füllwörter, umständliche Formulierungen oder unbekannte Fremdwörter. Sie sind dafür verantwortlich, dass Ihr Publikum Ihren Ausführungen interessiert folgt und nicht während des Vortrages „einschläft".

5. Kennen Sie Ihre Zielgruppe

Informieren Sie sich bereits im Vorfeld, welche Zielgruppe Sie überhaupt ansprechen wollen. Sitzt Ihnen überhaupt der erhoffte Personenkreis gegenüber. Sie erreichen Ihr Publikum, wenn Sie ausreichend informiert sind, welche Inhalte überhaupt benötigt werden. Sie müssen beispielsweise eine Gruppe von Jugendlichen anders ansprechen, als Manager, die ein Fachthema erörtern möchten.

6. Überprüfen Sie immer den Raum

Kommen Sie immer etwas früher zum eigentlichen Ort, wo Ihre Präsentation stattfindet soll und schauen Sie sich in den Räumlichkeiten um. Achten Sie auf Besonderheiten und auf die technische Ausstattung des Raumes. Machen Sie sich mit dem Raum vertraut (Lichtschalter, Verdunklung etc.). Überprüfen Sie selbst die Sitzordnung.

Zudem können Sie nun auch noch auf Dinge reagieren, die nicht Ihren Wünschen entsprechen. Kommen Sie erst kurzfristig vor Ihrer Präsentation, lassen sich kaum noch Dinge ändern.

7. Beruhigen Sie Ihre Nerven

Das Lampenfieber gehört zu jeder Präsentation dazu, doch sollten Sie unbedingt darauf achten, dass die Nervosität nicht zu Lasten Ihres Vortrages geht. Beruhigen Sie unbedingt Ihre Nerven, zumal jedes Publikum diese Nervosität des Vortragenden spürt und entsprechend reagiert. Ist Ihr Lampenfieber zu stark, wird es die Qualität Ihrer Präsentation maßgeblich beeinflussen.

Dabei reagiert jeder Mensch anders auf Stresssituationen. Also kennt jeder Mensch auch Mittel und Möglichkeiten, um seine Nervosität in den Griff zu bekommen. Setzen Sie vor Ihrer eigentlichen Präsentation die gewünschten Übungen und Instrumente ein, um Ihre Aufregung in den Griff zu bekommen.

8. Entschuldigen Sie sich nicht für Ihre Nervosität

Fall Sie während Ihrer Präsentation Ihre Nervosität nicht in den Griff bekommen, sollten Sie niemals Ihre Aufgeregtheit gegenüber dem Publikum zugeben. Vermeiden Sie Äußerungen wie: "Es tut mir leid, ich bin nervös." Das ist kein guter Weg, um das Eis beim Publikum zu brechen! Stoppen Sie kurz Ihre Präsentation, lächeln Sie ins Publikum und zählen im Geiste bis drei. Dann setzen Sie Ihren Vortrag fort. Zeigen, wie begeistert Sie sind, vor diesem Publikum zu sprechen.

9. Konzentrieren Sie sich auf die Botschaft, die Sie vermitteln wollen

Kleinere Ablenkungen während Ihres Vortrages sind unvermeidbar. Handys klingeln, einige Personen sprechen während Ihres Vortrages miteinander. Lassen Sie sich von diesen Dingen nicht ablenken. Beachten Sie diese kleinen Störungen einfach nicht und konzentrieren Sie sich auf Ihren Vortrag.

Sollten die Störungen zunehmen, bitten Sie einfach um Ihre Aufmerksamkeit. In vielen Fällen genügt es, wenn Sie eine kurze Pause während Ihres Vortrages einlegen. Die betreffenden Personen werden es schnell bemerken, dass sie mit dieser Unterbrechung gemeint sind.

10. Trainieren Sie in der Gruppe

Auch beim Präsentieren ist noch kein Meister vom Himmel gefallen. Besonders das professionelle Vortragen eines Themas muss zwingend geprobt und geübt werden. Dies kann eigentlich nur wirkungsvoll vor einer Gruppe von Leuten geschehen. Das vielbesagte Üben vor dem Spiel bringt nicht die erhoffte Verbesserung. Daher suchen Sie sich eine Möglichkeit, wo Sie regelmäßig Ihre Fähigkeiten unter Beweis stellen und anschließend auch ein objektives Feedback erhalten.

In Volkshochschulen, in Kirchengemeinden oder bei freien Trainern werden häufig gewünschte Seminare und Veranstaltungen zum Thema Präsentieren angeboten. Nutzen sie diese Gelegenheit, um Ihre Fähigkeiten zu verbessern.

11.Nehmen Sie sich Profis zum Vorbild

Nutzen Sie die einmalige Chance, Profis bei der Arbeit zu beobachten. Besuchen Sie entsprechende Veranstaltungen, bei denen Sprecher vor einem großen Publikum professionell ihre Inhalte präsentieren. Achten Sie besonders auf Eigenschaften, Gewohnheiten und einstudierte Aktionen während des Vortrages. Beachten Sie den Stil des Profis und dessen Timing. Werden spezielle Techniken eingesetzt? Wie gewinnen Profis ihr Publikum? Achten Sie auf alle Besonderheiten. Einige Dingen lassen sich möglicherweise auf die eigene Präsentation übertragen.

12. Die passende Kleidung

Achten Sie bei Ihrem Vortrag unbedingt auf Ihr gepflegtes Äußeres. Wählen Sie die Kleidung in Abhängigkeit zum Publikum. Wer vor dem Vorstand präsentiert, sollte nicht im T-Shirt auftreten. Sie können Ihre Kleidung sogar etwas besser als die Zuhörer wählen, jedoch sollten Sie niemals schlechter gekleidet sein. Dabei sollten Sie auch auf Details achten. Treten Sie immer mit geputzten Schuhen auf, Ihre Kleidung sollte frei von Flecken sein. Auch Ihre Frisur sollte gepflegt sein. Erwecken Sie stets einen professionellen Eindruck. Was hilft Ihnen der beste Vortrag, wenn das Publikum ständig über Ihr Outfit tuschelt.

13. Mit Alkohol lassen sich die Nerven nicht beruhigen

Hände weg von Alkohol und anderen Suchtmitteln, um Ihre eigenen Nerven in den Griff zu bekommen. Jeder Alkohol und jedes vergleichbare Medikament oder Mittelchen beeinflusst maßgeblich Ihre Konzentration. Jeder Zuhörer wird sofort feststellen, wenn Sie etwas getrunken haben oder vor dem Vortrag etwas eingeworfen haben. Der Vortrag wird garantiert schlechter als geplant. Zudem drohen Ihnen im Zweifelsfall sogar disziplinarische Maßnahmen.

14. Glauben Sie an sich selbst

Bei einem Vortrag vor einem größeren Publikum brauchen Sie stets genügend Selbstbewusstsein. Sie müssen von sich und Ihrem Vortrag überzeugt sein. Jeder Selbstzweifel raubt Ihnen Ihre Kompetenz vor der Gruppe. Vermeiden Sie unbedingt negative Gedanken. Wer sicher auftritt, der beginnt während seiner Rede zu strahlen. Vertrauen macht Sie glaubwürdiger.

15. Seinen Sie nicht zu kritisch

Kein Mensch ist fehlerfrei. Auch bei der besten Vorbereitung können Ihnen Fehler unterlaufen. In den meisten Fällen bemerken es Ihre Zuschauer überhaupt nicht. Machen Sie einfach weiter. Erwähnen Sie überhaupt nicht den Fehler. Lassen Sie sich nicht aus der Ruhe bringen. Entspannen Sie sich und machen Sie einfach weiter.

16. Lassen Sie sich Zeit

Ungeübte Menschen, die nicht häufig eine Präsentation vortragen, versuchen durch ein sehr hohes Tempo, die Präsentation möglichst schnell zu beenden. Das Resultat ist, dass kaum jemand etwas von Ihrem Vortrag mitbekommen hat. Lassen Sie sich Zeit. Geben Sie den Zuhörer die Chance, die vermittelten Inhalte auch zu verstehen. Auch der beste Vortrag bleibt wirkungslos, wenn das Tempo des Vortrages zu hoch ist.

Nutzen Sie gezielt den Einsatz von Pausen. Bauen Sie kleine Zusammenfassungen Ihrer Inhalte ein. Stellen Sie nur wenige Inhalte pro Folie ein. Bekommen Sie Ihr Tempo einfach in den Griff. Idealerweise können Sie Ihr Publikum nach dem Vortrag direkt auf Ihr Tempo ansprechen. Oft haben Zuhörer gute Vorschläge, wie Sie Ihren Vortrag weiter verbessern können.

17. Halten Sie Blickkontakt

Schauen Sie immer in das Publikum, wenn Sie Ihre Inhalte vortragen. Schauen Sie nicht ständig an die Decke oder auf den Boden. Auch einen Blick aus dem Fenster sollten Sie nicht ständig wagen. Suchen Sie sich im Publikum einige ausgewählte Personen, die Ihrem Vortrag besonders aufmerksam folgen. Mit diesen Personen nehmen Sie regelmäßig Blickkontakt auf. Halten Sie sich auch nicht an Ihrem Konzept oder der Leinwand fest. Versuchen Sie einen direkten Dialog mit Ihrer Zuhörerschaft zu beginnen.

Ein permanenter Blickkontakt sorgt auch dafür, dass Sie ständig die Stimmung und das Verhalten der Gruppe mitbekommen. Achten Sie auf einzelne Personen. Im Zweifelsfall passen Sie Ihren Vortrag an das Publikum an.

18. Nutzen Sie Grafiken und Requisiten

Gestalten Sie Ihren Vortrag abwechslungsreich und sorgen sie dafür, dass niemand einschläft. Dazu muss Ihr Vortrag spannend und interessant sein. Für viel Abwechslung während einer Präsentation sorgen Videoclips, Grafiken und verschiedene Requisiten. So beschäftigen sich die einzelnen Personen wesentlich intensiver mit Ihrer Thematik. Zudem lassen sich Inhalte mit Grafiken, Animationen, Videos und Gegenständen einfach besser vermitteln.

19. Verwenden Sie Humor bei Ihrem Vortrag

Mit einer Prise Humor lässt sich jede Präsentation auflockern. Das Publikum ist begeistert und Ihr Vortrag bleibt lange in Erinnerung. Dabei müssen Sie nicht gleich ein komödiantisches Genie beweisen, es genügen meist einige amüsante Kommentare, um die Stimmung im Raum zu heben. Häufig entstehen humorvolle Anmerkungen auch spontan. Merken Sie sich, an welcher Stelle Ihr Publikum lacht oder schmunzelt. Diesen Spaß sollten Sie sich merken und bei der nächsten Präsentation erneut anbringen.

Profis überlassen nichts dem Zufall. Sie notieren sich Witze, lustige Textpassage und Anekdoten und die Stellen, an denen sie den Humor einsetzen. Tun Sie das auch. Dabei sollten Sie es nicht mit den witzigen Passagen übertreiben. Nicht jedes Thema ist für eine Fülle an spaßigen Bemerkungen geeignet.

20. Kurz, knapp und verständlich

Versuchen Sie die relevanten Inhalte kurz, knapp und verständlich zu präsentieren. Beschränken Sie sich auf das Wesentliche. Umständliche Formulierungen und permanente Wiederholungen transportieren nur wenige Inhalte. Wer bei seinem Vortrag nur wenige Informationen vermittelt, langweilt sehr schnell seine Zuhörer.

21. Stellen Sie Ihre Zuhörer in den Mittelpunkt

Das Publikum wird Sie lieben, wenn Sie den Fokus stets auf die Zuhörer richten. In den meisten Präsentationen geht es um Problemlösungen oder Wissensvermittlung. Stellen Sie Ihre Inhalte möglichst aus der Sicht des Publikums dar. Nehmen Sie sich als Vortragender möglichst zurück.

Es gibt natürlich auch Ausnahmen. Wenn Sie Ihr neues Buch oder einen persönlichen Erfahrungsbericht vorstellen, dann müssen Sie natürlich eigene Gedanken einfließen lassen, die aus Ihrer Sichtweise stammen.

22. Bauen Sie eine Vertrauensbasis auf

Wer vor ein Publikum tritt, muss im ersten Schritt eine Beziehung zu seinen Zuhörern aufbauen. Vertrauen ist nur vorhanden, wenn man Sie bereits als kompetenten Ansprechpartner für eine bestimmte Thematik kennt. Ist dies nicht der Fall, müssen Sie erst durch Ihr Auftreten, Ihr Wissen und Ihre Kompetenz das Publikum von Ihren Fähigkeiten überzeugen. Erst wenn Ihnen dies gelungen ist, wird Ihnen auch zugehört.

Vermitteln Sie daher gleich zu Beginn Ihres Vortrages einen gewissen Mehrwert, den das Publikum auch wirklich gebrauchen kann. Geben Sie brauchbare Tipps, stellen Sie Beispiele aus der Praxis vor oder vermitteln Sie neue Inhalte, die im Publikum bisher nicht bekannt waren.

23. Nicht nur schöne Worte zählen

Sicherlich möchte man bei einem Vortrag gut formulierte Sätze hören. Dennoch geht es hier nicht unbedingt um das Werk eines Dichters. In der Regel steht bei einem Vortrag der Inhalt im Mittelpunkt. Natürlich sollte dieser gut artikuliert präsentiert werden. Doch darf man nicht die wesentlichen Inhalte vernachlässigen. Zudem sollten Sie auch die wesentlichen Kernworte nennen, die jedes Thema besitzt.

In einigen Fällen sind auch Schimpfworte oder Fäkalsprache durchaus ein hilfreiches Mittel, um das Publikum wach zu rütteln oder eine besondere Aufmerksamkeit zu erhalten. Zudem sollten Sie natürlich auch die Sprache Ihres Publikums sprechen. Jeder Personenkreis besitzt sein eigenes Vokabular. Fachbegriffe und Formulierungen, die in der Gruppe gebräuchlich sind, sollten Sie als Sprecher ebenfalls beherrschen.

24. Atmen Sie tief durch

Das wichtigste Instrument bei einem Vortrag oder bei einer Präsentation ist Ihre Stimme. Achten Sie beim Sprechen auf Ihre Atmung. Legen Sie in regelmäßigen Abständen eine Pause ein und atmen Sie tief durch. Dies sorgt für eine Entspannung, um auch über eine längere Zeit sprechen zu können.

25. Achten Sie auf Ihre Körperhaltung

Eine gute Körperhaltung ist bei jeder Rede wichtig. Bleiben Sie möglichst aufrecht stehen. Stellen Sie sich fest auf beide Füße. Unterstützen Sie Ihren Vortrag durch einen gezielten Einsatz Ihrer Hände. Bleiben Sie ruhig und bewegen Sie sich nur wenig. Unterstreichen Sie Ihre souveräne Körperhaltung durch intensiven Blickkontakt mit dem Publikum.

Lenken Sie durch zu viele Bewegungen das Publikum nicht vom eigentlichen Thema ab. Stehen Sie nicht auf einem Bein oder verknoten Sie Ihre Beine. Seltsame Bewegungen wirken nicht souverän.

26. Halten Sie Ihre Stimmlage

Üben Sie auch das eigentliche Reden vor einem wichtigen Vortrag. Versuchen Sie trotz der Aufregung eine gewisse entspannte Haltung einzunehmen. Eine große Nervosität spiegelt sich auch in Ihrer Stimme wieder. Atmen Sie ruhig und regelmäßig. Halten Sie bei Ihrem Vortrag stets das gleiche Tempo. Legen Sie regelmäßige Pausen ein und achten Sie auf Ihre Stimme.

27. Vermeiden Sie Rechtfertigungen, Unwahrheiten und Sarkasmus

Niemand wird versuchen, während Ihres Vortrages zu widersprechen. Es gibt somit auch keine Notwendigkeit, Ihre Sätze besonders zu betonen oder noch zusätzlich zu rechtfertigen. Ihr Vortrag ist die Wiedergabe Ihrer persönlichen Meinung. Bleiben Sie bei Ihren Aussagen stets bei der Wahrheit und vermeiden Sie sarkastische Anmerkungen. Dies verärgert das Publikum und reduziert Ihre Glaubwürdigkeit.

28. Vermeiden Sie emotionale Ausbrüche

Bleiben Sie stets gelassen und ruhig. Sicherlich können wichtige Fakten während Ihres Vortrages besonders betont werden. Dennoch sollten Sie stets Ihre Emotionen im Griff haben. Wutausbrüche oder Lachanfälle gehören nicht in eine Präsentation.

29. Geben Sie Ihrem Publikum Zeit zum Verstehen

Ihr Publikum braucht regelmäßige Pausen, wenn Sie neue oder komplizierte Sachverhalte vorstellen. Bombardieren Sie Ihre Zuhörer nicht mit einer Vielzahl von Fakten und Argumenten. Schließlich sollen Ihre Zuhörer auch einen gewissen Nutzen aus Ihrem Vortrag ziehen. Das Publikum muss Ihre Inhalte verstehen. Nehmen Sie keine Rücksichtung auf Ihre Zuhörer, dann werden diese Ihrem Vortrag nicht mehr folgen.

30. Seien Sie selbst

Spielen Sie während Ihres Vortrages keine Person, die Sie nicht sind. Seien Sie einfach Sie selbst. Spielen Sie keine Rolle. Seien Sie kein Entertainer, wenn Sie keinen Humor besitzen. Das Publikum ist gekommen, um Sie zu hören. Auch Ihre Kleidung sollte authentisch sein. Das Publikum erkennt sehr schnell, wenn Sie nur etwas vorspielen. Die Leute werden verwirrt reagieren und Sie verlieren gänzlich Ihre Glaubwürdigkeit.

31. Zeigen Sie Dankbarkeit

Jeder Auftritt ist für Sie eine Ehre. Beginnen Sie Ihren Vortrag mit einem Dank, dass Sie hier an dieser Stelle Ihren Vortrag halten dürfen. Sie bauen so sehr schnell eine positive Grundstimmung auf, die sich dann auch in der Reaktion der Zuhörer wiederspiegelt.

32. Starten Sie mit einem Highlight

Beginnen Sie mit Ihrer besten Geschichte, Ihrem lustigsten Witz oder mit Ihrer zentralen Aussage. Die Leute wollen nicht bis zum Ende warten, bis Sie die eigentlichen „Big Points" präsentieren. Das Publikum will sofort begeistert werden. Möglicherweise ist am Ende Ihres Vortrages ein Teil der Leute gar nicht mehr da. Zudem stellt sich sehr schnell Langeweile ein, wenn Sie nicht gleich relevante Informationen präsentieren.

33. Respektieren Sie Ihr Publikum

Bei Ihrer Präsentation erweisen Sie Ihrem Publikum den nötigen Respekt. Es hat ja auch schließlich einen Grund, warum Sie diesen Vortrag vor diesem Publikum halten. Schließlich wollen Sie etwas erreichen. Seinen Sie höfflich und respektvoll. Auch hier gilt die alte Weisheit: „Wie man in den Wald hineinruft, so schallt es heraus"!

34. Zeigen sie keine Müdigkeit

Jedes Publikum erwartet einen vitalen, ausgeschlafenen und wachen Redner. Geben Sie niemals zu, dass Sie müde sind, wenig geschlafen haben oder sich auf den Vortrag nicht ausreichend vorbereitet haben. Schließlich hat sich das Publikum auch die Mühe gemacht, Ihnen zuzuhören. Überspielen Sie Ihre Müdigkeit. Nach dem Vortrag können Sie sofort „zusammenbrechen".

35. Planen Sie Ihr Ziel

Planen Sie Ihren Vortrag von Anfang bis Ende durch. Dabei geht es nicht nur um die genaue Zeitplanung, sondern auch um eine inhaltliche Planung. Verteilen Sie wichtige Fakten über die gesamte Zeit. Sorgen Sie so für mehrere Höhepunkte während Ihrer Präsentation. So kommt keine Langeweile auf. Besonders am Ende Ihres Vortrages sollten sie sich noch ein Highlight aufheben, das Ihre Zuhörer begeistert. So verlässt das Publikum Ihren Vortrag mit einem guten Gefühl.

36. Sorgen Sie für Begeisterung

Wer einen Vortrag, eine Rede oder eine Präsentation gezielt besucht, der verspricht sich etwas Außergewöhnliches, etwas Besonderes. Daher sollten Sie dafür sorgen, dass Ihr Vortrag diesem Anspruch gerecht wird. Idealerweise sollte diese Begeisterung durch Ihre Ausführung entstehen. Natürlich können Sie während Ihrer Präsentation ein multimediales Feuerwerk abfeuern, doch wirklich in der Erinnerung Ihrer Zuhörer wird nur ein Mehrnutzen bleiben, den Sie geboten haben. Überlegen Sie sich bereits bei der Planung Ihrer Präsentation, wie Sie Ihr Publikum begeistern können.

37. Vermeiden Sie eine Entschuldigung

Manche Referenten entschuldigen sich für jede Kleinigkeit und für jeden kleinen Fehler während der Präsentation. Vermeiden Sie Aussagen wie „Es tut uns leid, dass Sie warten mussten" oder „Ich entschuldige mich für die kleine technische Panne". In den meisten Fällen ist es besser, einfach weiterzumachen. Die meisten kleinen Fehler bemerkt das Publikum überhaupt nicht. Erst mit Ihrer Entschuldigung fällt der Schreibfehler auf der Folie, der falsche Begriffe oder die falsche Aussprache erst auf.

38. Ein festes Ritual

Unabhängig, ob Sie gleich auf einer Mitarbeiterversammlung sprechen oder ein neues Produkt präsentieren wollen, eignen Sie sich ein kurzes Ritual vor jedem Vortrag an. Versuchen Sie in einem kurzen Moment, Ihre Konzentration zu bündeln. Profis haben dazu ein festes Ritual, um sich für den anstehenden Auftritt vorzubereiten. Suchen Sie sich ebenfalls ein Ritual, das Sie vor jeder Präsentation durchführen.

39. Das Publikum ist unberechenbar

Als Vortragender müssen Sie stets davon ausgehen, dass Ihr Publikum unberechenbar ist. Jeder Personenkreis ist ein dynamisches Gebilde, das auf verschiedene Situationen unterschiedlich reagiert. Letztlich können Sie nicht wirklich das Publikum kontrollieren. Somit sollten Sie sich in jedem Fall auf außergewöhnliche Situationen während Ihres Vortrages einstellen.

So kann durch eine schwierige Zwischenfrage oder die falsche Antwort von Ihrer Seite plötzlich eine negative Grundstimmung entstehen. Auch ein sehr dominanter und störender Zuhörer kann die Stimmung in der Gruppe kippen. Bereiten Sie sich mit entsprechenden Gegenmaßnahmen vor.

40. Artikulation und Aussprache

Artikulation ist die Fähigkeit, einzelne Laute zu produzieren. Die Aussprache setzt Klänge zusammen, um daraus verständliche Worten zu machen. Verständlichkeit ist hier der eigentliche Schlüssel. Versuchen Sie möglichst deutlich und klar zu artikulieren. Jedes Wort muss möglichst deutlich ausgesprochen werden. Üben Sie regelmäßig. Wer hier nicht weiterkommt, sollte sich professionelle Unterstützung holen.

41. Die passende Ernährung vor der Präsentation

Vor der eigentlichen Präsentation sollte Sie ausschließlich zu nahrhaften Speisen greifen. Obst oder Vollkornprodukte sind die besten Energielieferanten. Sie sorgen für eine erhöhte Konzentration. Zudem sollten Sie auf koffeinhaltige Getränke verzichten, diese kurbeln unnötig den Blutdruck an und sorgen so für noch mehr Aufregung und mögliche Schweißausbrüche.

Auch fettiges Essen, Alkohol und säurehaltige Getränke gehören nicht auf den Speiseplan, Sie sorgen nur für ein Unwohlsein oder sogar für Sodbrennen, was bei einer anstehenden Präsentation äußerst unangenehm ist. Während der Präsentation sollten Sie ausschließlich zu einem Glas stilles Wasser greifen.

42. Werfen Sie einen Blick auf die Notizen

Ausgearbeitete Notizen sind ein sicherer Weg, um eine Präsentation gut zu überstehen. Arbeiten Sie schon im Vorfeld mit Ihren Notizen. So prägen Sie sich schon im Vorfeld die wichtigsten Eckpunkte ein. Scheuen Sie sich nicht, auch während des Vortrages Ihre Notizen zur Hand zu nehmen. Es ist immer noch besser einen Blick auf Ihre Notizen zu werfen, als einen sogenannten „Hänger" zu haben.

Schreiben Sie Ihre Notizen gut leserlich auf, damit Sie auch bei Stress oder bei schlechten Lichtverhältnissen schnell die wesentlichen Inhalte lesen können. Oft genügen einzelne Stichworte als „Eselsbrücke". Ausführliche Texte gehören nicht in Ihre Notizen. In den meisten Fällen bleibt nicht genügend Zeit, um sich durch einen langen Text zu arbeiten.

43. Schreiben Sie, wie Sie sprechen

Wir reden nicht so, wie wir schreiben. Schriftliche Ausarbeitungen erscheinen beim Vortrag plötzlich aufgesetzt und langweilig. Besonders Sätze mit zahlreichen Nebensätzen und Einschiebungen sind für einen Zuhörer eher unverständlich. Sorgen Sie für eine klare und eindeutige Sprache, wenn es um einen Vortrag geht. Lesen Sie also Ihre geschriebenen Worte nicht nur ab. Vielmehr sollten Sie frei sprechen. Dies erfordert zwar deutlich mehr Übung, aber es kommt wesentlich besser beim Publikum an. Hier hilft nur viel üben.

44. Arbeiten Sie mit Regieanweisungen in Ihrem Skript

In ein gutes Skript gehören auch praktische Anweisungen für Sie und das Publikum. Notieren Sie sich genau, wann Sie eine Pause einlegen oder wann beispielsweise ein Beamer notwendig ist. Stellen Sie einen genauen chronologischen Ablauf Ihrer Präsentation im Vorfeld zusammen. So wissen Sie zu jeder Zeit innerhalb Ihres Vortrages, was als Nächstes folgt.

45. Die Präsentation aus der Konserve

Heute bietet die Technik viele Möglichkeiten, eine bereits bestehende Präsentation jederzeit abzurufen. So können Sie beispielsweise auch in eine aktuelle Präsentation Videos oder Filmbeiträge einspielen. Selbst eine vollständige Präsentation lässt sich über das Internet zu jeder Zeit und an jedem Ort abrufen. Nutzen Sie die neuen Technologien. Daher sollten Sie zumindest eine anstehende Präsentation aufzeichnen.

46. Eine Präsentation ist keine Wanderung

Begrenzen Sie Ihre Bewegung auf ein Minimum. Laufen Sie nicht ständig im Raum umher. Sicherlich können Sie den einen oder anderen Schritt wagen, aber unternehmen Sie keine ausgedehnte Wanderung. Auch das Hineingehen in das Publikum ist sicherlich eine witzige Idee, die in einigen Ausnahmefällen passend ist, doch grundsätzlich sollten Sie es vermeiden. Für das Publikum ist ein ständig wandernder Redner einfach nur anstrengend. Man muss dann nicht nur Ihren Worten folgen, sondern auch Ihren Schritten.

47. Ordnen Sie den Inhalt Ihrer Rede

Geben Sie unbedingt Ihrer Präsentation eine logische und klare Struktur. Selbst wenn Sie das Thema extrem gut beherrschen, halten Sie sich an eine feste Abfolge der Inhalte. So haben Sie die Garantie, keine wichtigen Informationen zu vergessen und springen nicht unnötig in Ihrer Präsentation umher. Natürlich sollten Sie auch Ihrem Publikum im Vorfeld einen kurzen Ablaufplan an die Hand geben. So wissen alle Beteiligten, an welcher Stelle Sie sich gerade in Ihrem Vortrag befinden.

48. Vermeiden Sie wage Aussagen

Formulieren Sie aktiv Ihre Sätze und belegen Sie Ihre Aussagen mit entsprechenden Quellen. Alle Fakten müssen im Vorfeld überprüfen werden. Es sollten keine Unwahrheiten in Ihrer Präsentation auftauchen. Sollte Ihnen dennoch ein Fehler bei Ihren Ausführungen unterlaufen, so liefern Sie Ihrem Publikum umgehend eine Richtigstellung. Beharren Sie nicht auf eine falsche Information, geben Sie einen Fehler offen zu. Dies sorgt für eine zusätzliche Glaubwürdigkeit.

49. Schritt für Schritt

Bauen Sie Ihre Ausführung Schritt für Schritt auf. Sorgen Sie für Logik innerhalb Ihres Vortrages. Das vermittelte Wissen sollte unbedingt nachvollziehbar für Ihre Zuhörer sein.

50. Sprechen Sie Ihre Zielgruppe direkt an

Versuchen Sie Ihre Ausführungen so zu gestalten, dass sich die Anwesenden in Ihrem Vortrag wiederfinden. Grenzen Sie nicht unbeabsichtigt einige Personen aus, die zwar im Publikum anwesend sind, aber nicht über Ihre Präsentation angesprochen werden.

51. Ermitteln Sie den aktuellen Wissenstand

Wer die Möglichkeit hat, sollte bereits im Vorfeld den Kontakt zu seinem Publikum suchen. Sie haben so die Chance, nähere Informationen über den Wissensstand und die vorherrschenden Interessen zu bekommen. So können Sie beispielsweise in Ihrem folgenden Vortrag auf einzelne Punkte, die vorher zur Sprache kamen, direkt darauf eingehen.

Sind bestimmte Dinge bei den Zuhörern bereits bekannt, lassen Sie ausgewählte Inhalte in Ihrer Präsentation einfach weg. Sie verschaffen sich so einen direkten Vorteil, was sich später als positive Rückmeldung widerspiegelt.

52. Mit einer Störung umgehen

Kleinere Störungen (Husten eines Zuhörers, Hinzukommen einer Person, das Herunterfallen eines Gegenstandes o.ä.) sollten Sie einfach während Ihres Vortrages ignorieren. Kommentieren Sie jede kleinere Störung, wird das Publikum nur abgelenkt und Ihre Konzentration wird ebenfalls empfindlich gestört. Selbst die kleinste Störung kann die gesamte Stimmung Ihres Vortrages verändern. Daher ist es eine Aufgabe des Sprechers, die Konzentration möglichst auf einem hohen Level zu halten.

Bei größeren Störungen müssen Sie anschließend dafür sorgen, dass die Veranstaltung reibungslos weitergeht.

53. Immer freundlich

Seien Sie bei Ihrem Vortrag immer freundlich, nett und zuvorkommend. Gehen Sie mit Zwischenfragen freundlich und bestimmt um. Sprechen Sie bei einer Störung seitens des Publikums die betreffenden Personen in einem freundlichen Ton direkt an. Lächeln Sie während Ihrer Präsentation. Diese positive Grundstimmung überträgt sich sehr schnell auf das Publikum.

54. Einen Fehler als Vorteil auslegen

Jeder Mensch macht Fehler. Dies kann Ihnen natürlich auch während Ihrer Präsentation passieren. Ein Versprecher, ein inhaltlicher Fehler, eine Ungeschicktheit. Es gibt viele Möglichkeiten, während eines Vortrages, einen Fehler zu begehen, der sofort von Ihren Zuhörern wahrgenommen wird. Reagieren Sie stets ruhig, gelassen und freundlich. Vielleicht machen Sie noch einen kleinen Scherz über Ihr ungeschicktes Verhalten, so dass sofort die Stimmung etwas gelöster wird. Münzen Sie den Fehler in Ihren Vorteil um.

Der falsche Weg wäre es, den Fehler zu bestreiten oder gereizt zu reagieren. Dann kann sich ein kleiner Fehler zu einem echten Problem ausarten.

55. Letzte Vorbereitungen direkt vor der Präsentation

Sorgen Sie unbedingt dafür, dass zum Beginn Ihrer Präsentation alle notwendigen Handgriffe getätigt worden sind. Die Technik muss unbedingt vor dem Termin überprüft worden sein. Auch Ihre Unterlagen müssen punktgenau griffbereit sein. Sie können nicht vor dem Publikum noch die letzten Vorbereitungen treffen. Dies wirkt im hohen Maße unprofessionell.

56. Erläutern Sie Ihre Handlungen

Wer beispielsweise auf dem Podium einen Versuch vorführt oder ein neues Produkt zeigt, muss unbedingt jeden einzelnen Schritt ausführlich kommentieren. Beschreiben Sie, was Sie gerade tun. Vernachlässigen Sie dieses Beschreiben, werden Sie sofort mit unzähligen Nachfragen bombardiert.

57. Halten Sie eine Demonstration möglichst einfach

Beschränken Sie sich nur auf die wichtigsten Fakten während Ihrer Präsentation. Verlieren Sie sich bei der Vorführung nicht in Details, die niemanden interessieren. Ihre Ausführungen beschreiben nur die zentralen Funktionen und Fähigkeiten eines Gegenstandes oder einer Leistung. Nur die relevanten Eigenschaften kommen zur Sprache. Alles andere lassen Sie einfach weg. Das Publikum hat in den meisten Fällen nicht den notwendigen Einblick in die Sache. Zu viele Details überfordert das Publikum.

58. Verwenden Sie verständliche Visualisierungen

Auch Ihre Ausführungen in Form von Grafiken, Diagrammen, Skizzen und Zeichnungen dürfen sich nur auf die wichtigsten Dinge beschränken. Im Normalfall neigt ein Fachmann immer dazu, zu viele Details gleichzeitig in einer Grafik oder in einem Diagramm zu verpacken. Doch das Publikum hat in der Regel nicht den Wissenstand wie der Vortragende. Führen Sie daher Ihre Zuschauer dennoch durch das Diagramm oder durch die Zeichnung. Erläutern Sie die wichtigen Bestandteile. Ihr Publikum wird es Ihnen danken.

59. Ausreichend Zeit für eine Darstellung

Geben Sie Ihrem Publikum bei jeder Folie, bei jeder Darstellung und bei jedem Diagramm genügend Zeit, um die Inhalte zu erkennen und zu verstehen. Auch sollten Sie immer bedenken, dass Sie sich bereits viel intensiver in die Thematik eingearbeitet haben. Im schlechtesten Fall wird das Publikum mit einem völlig neuen Thema konfrontiert.

Lassen Sie für jede Folie genügend Zeit, um die Inhalte wahrzunehmen. Bereits bei den eigenen Proben können Sie sehr gut ermitteln, wie viel Zeit notwendig ist, um einen Text oder eine Grafik zu verstehen. Bei einem Text lesen Sie einfach laut und langsam den Inhalt vor. So haben Sie eine ungefähre Vorstellung, wie lange eine Folie aufgelegt bleiben sollte.

Zudem sollten Sie während der Präsentation eines Textes oder einer Grafik das Publikum unnötig ablenken. Reden Sie nicht weiter. Bleiben Sie ruhig und laufen Sie nicht im Raum umher oder spielen Sie nicht mit einem Laserpointer oder einem Zeigestock. Durch jede Ablenkung braucht das Publikum noch länger, um die präsentierten Inhalte zu verstehen.

60. Sorgen Sie für eine funktionierende Technik

Überprüfen Sie im Vorfeld jedes technische Gerät, das Sie für Ihre Präsentation benötigen. Überprüfen Sie das Licht. Testen Sie den Beamer, den Fernseher oder den Overhead-Projektor auf seine Funktionalität. Führen Sie einen Soundcheck mit dem Mikrofon durch. Funktioniert die motorgesteuerte Leinwand? Sind alle Anschlüsse und Kabel korrekt angeschlossen? Sicherlich gibt es noch weitere Geräte, die für Ihre Darbietung notwendig sind.

Ein technisches Problem während einer Präsentation hat in den meisten Fällen eine katastrophale Auswirkung auf Ihren Vortrag. In den meisten Fällen muss der gesamte Vortrag für eine längere Zeit unterbrochen werden, bis die Technik wieder läuft. Daher sollten Sie sehr genau die technischen Geräte frühzeitig überprüfen. Profis haben teilweise sogar Zweitgeräte sofort zur Hand, wenn es doch einmal zu einem Ausfall kommt.

61. Steigern Sie das Interesse

Reichern Sie Ihre Präsentation durch interessante Details an. Zeigen Sie Beispiele, Gegenstände oder Videos von Dingen, die Ihre Ausführungen unterstreichen. Ein Mensch versteht einen komplexen Sachverhalt wesentlich besser, wenn dieser durch konkrete Beispiele ergänzt wird. Lassen Sie ausgewählte Dinge durch das Publikum laufen. Doch begrenzen Sie die Zeit, um den Vortrag in angemessener Zeit fortzusetzen.

62. Wann verteilen Sie die Handouts?

Hier streiten die Fachleute, zu welchem richtigen Zeitpunkt die Handouts (das Script zum Vortrag) verteilt werden sollen. Verteilen Sie die Handouts vor Ihrem Vortrag, werden die interessanten Dinge bereits vorweggenommen und Sie laufen Gefahr, dass die Zuhörer ausgiebig über Ihre schriftlichen Ausführungen diskutieren. Daher wäre mein Rat, die Handouts immer im Anschluss der Präsentation zu verteilen. So erzeugen Sie auch deutlich mehr Interesse für Ihren Vortrag.

Tipp: Bei den heutigen, technischen Möglichkeiten müssen Sie die Handouts nicht unbedingt in gedruckter Form verteilen. Legen Sie einfach eine Liste aus, in der die Zuhörer Ihre Mail-Adresse eintragen können. Sie senden dann den einzelnen Personen die Handouts einfach per E-Mail zu.

63. Die Generalprobe

Bei jeder wichtigen und größeren Präsentation sollten Sie möglichst eine Generalprobe durchführen. Hier setzen Sie alle benötigten Medien für Ihre Präsentation ein. Simulieren Sie den Echteinsatz. Besorgen Sie sich ein Test-Publikum und ziehen Sie bereits die für die Präsentation geplante Kleidung an. So haben Sie eine klare Vorstellung, was bei der Präsentation auf Sie zukommen.

64. Wissen Sie genau, wo Ihre Ausrüstung ist?

Sorgen Sie dafür, dass Sie vor Ihrem Vortag alle wichtigen Utensilien (Stift, Zeigestab, Script, Handouts, LaserPointer, Kreide, Folien usw.) zur Hand haben. Sie sollten also nicht nur die Räumlichkeiten überprüfen, sondern auch Ihr direktes Arbeitsmaterial. Wenn Sie während des Vortrages feststellen, dass ein wichtiger Gegenstand fehlt, ist es einfach zu spät.

65. Feste Position für jeden Gegenstand

Ebenfalls vor der eigentlichen Präsentation sollten Sie genau festlegen, wo Sie einzelne Dinge wiederfinden. Legen Sie für jeden wichtigen Gegenstand (Stift, Zeigestab, Fernbedienung usw.) eine eindeutige Position fest. Wenn erst das Lampenfieber da ist, sucht man schnell eine wichtige Utensilie und findet diese nicht mehr. Auch wenn Sie den Gegenstand vor wenigen Minuten in der Hand hielten.

66. Sprechen Sie mit Ihrem Publikum

Abhängig von Ihrem Vortrag ist es durchaus möglich, während der Präsentation mit Ihrem Publikum zu sprechen. Fragen Sie direkte Details ab oder stellen Sie eine konkrete Frage. Dabei geht es nicht darum, eine Diskussion zu entfachen, sondern neue Impulse für Ihren Vortrag zu erhalten. Allerdings sollten Sie zu diesem Mittel nur greifen, wenn Sie wirklich Ihre Präsentation beherrschen. Zumal müssen Sie unbedingt dafür sorgen, dass dieser Dialog mit einzelnen Personen sehr kurz gehalten wird. Dies lässt sich beispielsweise schon direkt bei mit einer Frage an das Publikum begrenzen: „Geben Sie mir ein wichtiges Stichwort!".

67. Wie werden Sie angekündigt?

Kümmern Sie sich unbedingt darum, mit welchen Worten Sie bei dem Publikum angekündigt werden. Werden dabei Ihr Name und die Bezeichnung des Vortrages korrekt genannt? Bei vielen größeren Veranstaltungen führt eine ausgewählte Person durch das Programm. Sprechen Sie im Vorfeld die Details mit dieser Person ab, damit es nicht zu einer bösen Überraschung kommt. Oft ist man sehr dankbar, wenn Sie einige nützliche Ergänzungen geben.

68. Die persönliche Checkliste vor dem Auftritt

Direkt vor Ihrer Präsentation durchlaufen Sie eine kleine Checkliste. Diese können Sie direkt auf einem Zettel notieren oder bereits im Gedächtnis haben. Hier können Sie die unterschiedlichsten Dinge notieren, um den anstehende Präsentation gut zu beginnen. Einige Beispiele: Mlt elnem Lächeln auf das Podium; Durchatmen; der erste Satz an das Publikum; letzte Überprüfung der Kleidung; lockere Haltung einnehmen usw. Jeder hat direkt vor seiner Präsentation gewisse Dinge, die in den letzten Augenblick erledigt werden sollten. Hier hilft Ihnen Ihre persönliche Checkliste.

69. Vermeiden Sie Pannen auf der Bühne

Durch die aufkommende Nervosität neigen viele Menschen dazu, auf der Bühne oder auf dem Podest Pannen zu verursachen. Sie gießen das Glas Wasser über die eigenen Unterlagen, Sie stolpern über das Kabel des Beamers oder Sie stoßen sich am Mikrofon. Diese Stolperfallen lassen sich schon im Vorfeld vermeiden, wenn Sie sich mögliche Stellen für Pannen anschauen oder entsprechende Dinge noch vor der Präsentation beseitigen.

70. Richtiges Reagieren auf Fragen aus dem Publikum

Grundsätzlich sollten Sie nie Fragen aus dem Publikum ignorieren. Dies sorgt nur für eine Missstimmung bei den Zuhörern. Sie können sofort eine knappe Antwort geben oder den Fragenden auf das Ende Ihrer Präsentation verweisen, an dem Sie dann alle Fragen aus dem Publikum beantworten.

Wird eine Frage sehr leise aus dem Publikum gestellt, so wiederholen Sie selbst die Frage für alle Zuhörer im Publikum. Sehr komplexe Fragestellungen versuchen Sie möglichst in mehrere Fragen zu zerlegen und diese dann separat zu beantworten. Natürlich kann es auch einmal passieren, dass Sie die Frage nicht beantworten können. Geben Sie diesen Umstand offen zu und versprechen Sie, sich um eine entsprechende Antwort zu bemühen. In einzelnen Fällen können Sie die Frage auch direkt an das Publikum zurückgeben.

Bei jeder Diskussion sollten Sie immer auf einem freundlichen und ruhigen Ton achten. Selbst wenn die Frage sehr aggressiv gestellt wurde.

71. Am Ende ein Dankeschön

Teilen Sie Ihrem Publikum mit, das nun das Ende Ihrer Präsentation gekommen ist. Idealerweise legen Sie als letzte Folie das Wort „Ende" auf. Bedanken Sie sich für die Aufmerksamkeit, die Ihnen gewährt wurde, unabhängig wie Ihr Vortrag gelaufen ist. Gehen Sie ruhig und gelassen mit einem Lächeln von der Bühne. Sie haben es geschafft!

72. Sie sind der Experte

Wenn Sie zu einem bestimmten Thema Ihren Vortrag halten, gelten Sie bei den Zuhörern als Experte. Sie haben sich intensiv mit der Materie beschäftigt und kennen sich zu diesem Thema gut aus. Wer sogar entsprechende Referenzen (eigenes Buch, Veröffentlichungen, weitere Vorträge, Interview usw.) vorweisen kann, sollte diese gleich zu Beginn der Präsentation vorlegen. Beispielsweise können Sie eigene Buchtitel zu dem jeweiligen Thema im Vorraum auslegen oder in Ihrer Präsentation einbauen. So untermauern Sie, dass Sie wirklich der Experte zu dem jeweiligen Thema sind.

73. Achten Sie auf Ihre Betonung

Viele Referenten und Redner präsentieren Ihre Inhalte ohne jegliche Betonung. Dies ist für das Publikum äußert nervig und langweilig. Wer einen Vortrag mit einer guten Betonung präsentieren kann, wird seine Zuhörer begeistern. Üben Sie ausgiebig Ihren Vortrag. Im Zweifelsfall lässt sich eine ausgeprägte Betonung auch mit Hilfe professionelle Unterstützung erlernen. Ihr Publikum wird es Ihnen danken.

74. Ziehen Sie ein Zwischen-Resümee

Geben Sie an bestimmten Stellen Ihres Vortrags nochmals eine Zusammenfassung über den abgehandelten Themenkreis. Dies ist besonders dann notwendig, wenn es sich um ein sehr komplexes Thema handelt. Sie erzielen dadurch eine deutlich höhere Erinnerung beim Publikum und können so nochmals offene Fragen beantworten.

75. Geben Sie eine zeitliche Einschätzung

Bei einem längeren Vortrag ist es immer ein Vorteil, wenn Sie Ihrem Publikum einen ungefähren, zeitlichen Ablauf geben. Idealerweise stellen Sie direkt am Anfang einen genauen Ablaufplan vor, der die einzelnen Abschnitte und möglichen Pausen genau ausweist. So weiß jeder Zuhörer, was Ihn erwartet. Sorgen Sie dafür, dass dieser Zeitplan auch eingehalten wird.

76. 2.000 Wörter = 10 Minuten Vortrag

Als allgemeine Regel gilt: 2.000 Worte lassen sich in einen Vortrag von 10 Minuten umsetzen. Entsprechend lassen sich rund 12.000 Worte in einer Stunde transportieren. Sie müssen sich an diese Regel nicht zwingend halten. Es ist jedoch eine gute Orientierungshilfe.

77. Fragebogen zur eigenen Bewertung

Scheuen Sie sich nicht, nach Ihrer Präsentation einen Fragebogen in das Publikum zu geben, in dem die Zuhörer Ihren Vortrag bewerten sollen. So erhalten Sie ein gutes Feedback für Ihre Leistung und mögliche Anregungen, was Sie besser machen können. Den Fragebogen müssen Sie natürlich erstellen. Anschließend sammeln Sie die ausgefüllten Bögen wieder ein. Dabei sollte die Beantwortung der Fragen anonym bleiben. So erhalten Sie mehr ausgefüllte Bögen.

78. Die wesentlichen Fakten

Sofern Sie kein vollständiges Script oder das sogenannte Handout verteilen, sollten Sie zumindest ein schriftliches Resümee verteilen und so nochmals die wichtigsten Fakten Ihres Vortrages zusammenstellen. So bleibt Ihre Präsentation länger bei Ihrem Publikum in Erinnerung.

79. Setzen Sie auf erprobte Kommunikationstechniken

Es gibt viele Techniken und Methoden, um die eigene Kommunikation deutlich zu verbessern und über spezielle Kommunikations- und Rhetorikseminare Ihr Können vor einem Publikum zu verbessern. Nutzen Sie diese Chance, wenn Sie regelmäßig Präsentationen abhalten.

80. Beziehen Sie das Publikum mit ein

Eine Präsentation muss nicht immer ein einseitiger Monolog sein. Es gibt viele Möglichkeiten, um das Publikum direkt in den Vortrag einzubeziehen. Natürlich sind die Möglichkeiten entscheidend von der Thematik abhängig. Aber spezielle Versuchsanordnungen, Befragungen oder spielerische Elemente lassen sich durchaus in einen Vortrag einbauen. Gestalten Sie so Ihre Präsentation einfach abwechslungsreicher.

81. Achten Sie auf die Körpersprache

Die Körpersprache während eines Vortrages ist ein wichtiges Instrument, um Ihr Publikum zu erreichen. Dabei gibt es eine Reihe von Gesten und Körperhaltungen, die bei den Menschen einen positiven Eindruck vermitteln. Setzen Sie die Körpersprache gezielt ein. In der Literatur oder bei ausgebildeten Trainern erhalten Sie das notwendige Wissen. Eine positive Körpersprache lässt sich durchaus trainieren. Studieren Sie bestimmten Posen und Gesten ein.

82. Arbeiten Sie mit spielerischen Elementen

Der Mensch vergnügt sich gerne und lässt sich gerne mit spielerischen Elementen ablenken. Nutzen Sie diese Eigenschaften für Ihre Präsentation. Frage-Antwort-Spiele, Quizfragen oder visuelle Rätsel eignen sich hervorragend für den Einbau in eine Präsentation. Lassen Sie Ihrer Fantasie freien Lauf. Mit diesem Element lässt sich jedes Thema auflockern.

83. Konzentrieren Sie sich auf Ihr Publikum

Legen Sie den Fokus nicht auf die eigene Person. Konzentrieren Sie sich ausschließlich auf Ihr Publikum. Sie möchten den anwesenden Menschen helfen und eine Unterstützung bieten. Konzentrieren Sie sich auf Wünsche und Bedürfnisse Ihres Publikums, Ihre Ansprüche rücken in den Hintergrund. Wenn Sie diesen Ansatz beherzigen, werden Sie eine sehr erfolgreiche Präsentation abliefern. Ihre Zuhörer werden begeistert sein.

84. Reißen Sie Ihr Publikum mit

Nicht nur das Abspielen von netten Grafiken entscheidet über die positive Resonanz bei Ihren Zuhörern. Auch der eigene Vortragsstil spielt hier eine wichtige Rolle. Achten Sie auf eine flüssige Aussprache und vermitteln Sie eine gewisse Begeisterung für das Thema. Reißen Sie Ihr Publikum mit.

85. Kontrollieren Sie sich mit Videoaufnahmen

Viele Profis zeichnen Ihre eigene Präsentation per Video auf, um zu einem späteren Zeitpunkt den eigenen Vortrag zu analysieren. So entdecken Sie Stärken und Schwächen während Ihres Vortrages. Es gibt kein besseres Instrument, um seine Fähigkeiten bei einem Vortrag zu verbessern. Mit den heutigen technischen Möglichkeiten lässt sich ein Vortrag sehr leicht aufzeichnen.

86. Transportieren Sie Ihre Überzeugung

Nur wer von seiner Sache wirklich überzeugt ist, kann dies auch so weitergeben. Das Publikum merkt es sehr schnell, wenn Sie nur halbherzig bei der Sache sind. Präsentieren Sie nur einen Ansatz, ein Produkt oder eine Meinung, wenn Sie tatsächlich dahinter stehen.

87. Der Einsatz Ihrer Präsentation

Das Gelingen der Präsentation hängt von einer Reihe von Voraussetzungen ab. Wollen Sie ein Produkt oder ein Konzept nur vor wenigen Leuten zeigen, so ist das Betrachten direkt am Bildschirm ein ausreichendes Präsentationsmittel. Je größer dabei der Monitor ist, desto größer kann auch die Anzahl der Betrachter sein. Mit einem Notebook mit entsprechendem Farbdisplay sind Sie sogar in der Lage Ihre kleine Show völlig ortsunabhängig vorführen. Müssen Sie vor einem größeren Auditorium präsentieren, so schließen Sie einfach einen Beamer oder einen Overhead-Projektor mit einem entsprechenden Zusatzgerät an Ihren Rechner an und schon sind Sie auch für größere Präsentationen gerüstet.

88. Gestaltung abhängig vom Einsatz

Denken Sie immer daran, dass die Gestaltung entscheidend vom Vortragsmedium abhängt. Eine selbstlaufende Präsentation auf einer Messe sieht anders aus, als ein Vortrag vor einem großen Publikum. Machen Sie sich vor der eigentlichen Gestaltung der Folien einen klaren Eindruck vom voraussichtlichen Publikum und über das anzustrebende Ziel Ihrer Präsentation. Nur dann haben Sie die Gewissheit, dass Ihre Bemühungen auch von Erfolg gekrönt sind.

89. Weitere Nutzung der Präsentation

Neben dem Vorstellen der einzelnen Folien, kommen noch weitere Aspekte für eine erfolgreiche Umsetzung hinzu. Haben Sie daran gedacht, dass beispielsweise einzelne Grafiken auch als Arbeitsmittel in einer Sitzung gebraucht werden. Oder möchten Sie nach Ihrem Vortrag die Grafiken auch anderen Personen zur Verfügung stellen. Also muss die Präsentation auch in anderer Form verfügbar sein. Vielleicht wollen Sie Ihren Vortrag einfach auf einen Datenträger spielen und so problemlos weitergeben. Natürlich brauchen Sie auch eine textliche Unterstützung bei Ihrem eigenen Vortrag. Rednernotizen sind für Sie eine sinnvolle Arbeitshilfe. Alle diese Punkte sind für das Gelingen Ihrer Präsentation ausschlaggebend und müssen sorgfältig von Ihnen berücksichtigt werden.

90. Ein drahtloses Mikrofon

Eine äußerst komfortable Form der Präsentation ist die Unterstützung mit einem drahtlosen Mikrofon. Sie können sich frei auf Ihrem Podium bewegen und dennoch werden Sie gut gehört. Kein lästiges Kabel stört Sie bei der Präsentation. Achten Sie nur im Vorfeld, dass der Akku des Mikrofons ausreichend geladen ist. Einen Funktionstest sollten Sie ebenfalls durchführen, damit das Mikrofon an jedem Standort Ihrer Präsentation funktioniert.

91. Lernen Sie aus Fehlern

Wer bereits mehrere Präsentationen absolviert hat, sollte sich unbedingt die bisher gemachten Fehler vor Augen führen. Bauen Sie Verbesserungen und Optimierungen in Ihre Präsentation ein. Vermeiden Sie bekannte Fehler. Mit diesem Ansatz wird jeder Vortrag besser als der Vorgänger. Dies ist der richtige Weg zur perfekten Präsentation.

92. Erholung und wenig Stress

Zu einer professionellen Vorbereitung gehört auch eine intensive Erholungsphase vor der eigentlichen Präsentation. Vermeiden Sie Stress und größere Ablenkungen. Konzentrieren Sie sich auf Ihr Vorhaben. Sorgen Sie für ausreichend Schlaf.

93. Vermeiden Sie leistungsstärkende Substanzen

Wer ausreichend vorbereitet ist, sollte unbedingt auf jegliche Art von Substanzen verzichten, die die Leistung und die Konzentration angeblich verbessern. Meist ist kaum eine korrekte Dosierung möglich. Zudem haben fast alle Substanzen spezielle Nebenwirkung. Vieler dieser Medikamente führen zudem sehr schnell zu einer Abhängigkeit. Sobald die Substanz in Ihrer Blutbahn ist, gibt es wenig, was Sie dagegen tun können. Häufig wird dann aus Entspannung Trägheit und Ihr Elan endet in grenzenlose Nervosität. Vertrauen Sie auf Ihre eigenen Fähigkeiten und nehmen Sie keine Medikamente.

98. Die passende Präsentations-Software

Auf dem Markt haben Sie Wahl zwischen einer Vielzahl von Software-Paketen, die sich in Ausstattung und Funktionalität unterscheiden. Dennoch gibt es einige wichtige Voraussetzungen, die jedes professionelle Programm erfüllen muss. Bei der Entscheidung für die optimale Anwendung, sollten Sie die wichtigsten Kriterien für sich festlegen. Schauen Sie sich gezielt am Markt um. Bei vielen Produkten sind zeitlich begrenzte Testversionen verfügbar.

99. Setzen Sie professionelle Präsentationstechniken ein

Heute muss niemand mehr mit handschriftlichen Notizen und zusammenkopierten Zeichnungen eine Präsentation zusammenstellen. Selbst der ungeübte Anwender kann mit leistungsstarken Software-Paketen ein wahres Präsentationsfeuerwerk auf den Bildschirm zaubern. Nutzen Sie diese Technik. Wer nicht über ein ausreichendes kreatives Potential verfügt, greift einfach zu vorfertigten Templates.

100. Nutzen Sie aktiv diese Tipps

Sie haben nun hoffentlich alle vorhandenen Tipps gelesen. Nun sollten Sie auch den einen oder anderen Ratschlag konkret in die Tat umsetzen. Alle Tipps sind dazu geeignet, Ihre Fähigkeiten beim Präsentieren zu stärken. Nutzen Sie die Chance.

Nehmen Sie sich diese Liste vor und haken Sie jeden Tag oder jede Woche einen Punkt als erledigt ab.

Weitere Titel und Angebote

An dieser Stelle haben wir einige Produkte zusammengestellt, die andere Käufer ebenfalls für interessant hielten.

Biohacking für das Gehirn

Funktioniert Gehirnjogging oder Biohacking tatsächlich? Kann das menschliche Gehirn und das damit verbundene Gedächtnis positiv beeinflusst und somit die Leistungsfähigkeit gesteigert werden? Die klare Antwort lautet: Ja. Es gibt eine Vielzahl von Möglichkeiten, auf die eigenen geistigen Fähigkeiten Einfluss zu nehmen.

ASIN (eBook): **B07HJS9D41**

Hinweis: Jetzt auch als Taschenbuch (ISBN): **1723882097**

Glücklichsein im Leben

Bisher gibt es keine einheitliche Aussage, wie jeder Mensch sein persönliches Glück langfristig erreicht. Die folgenden Tipps und Anregungen stellen daher in erster Linie praxisnahe Maßnahmen dar, um das eigne Glücklichsein zu entdecken und zu verstärken. Wie Sie die vorliegenden Ratschläge anwenden, ist Ihnen überlassen, zumal jeder Mensch eine andere Auffassung und Erwartungshaltung für sein individuelles Glück besitzt.

Die folgenden Tipps und Anregungen stellen daher in erster Linie praxisnahe Maßnahmen dar, um das eigne Glücklichsein zu entdecken und zu verstärken.

ASIN (eBook): **B00SZJ68HW**

Hinweis: Jetzt auch als Taschenbuch (ISDN). In Kürze

Mehr Selbstbewusstsein

Es geht es um die eigene Akzeptanz der persönlichen Stärken und Schwächen. Das eigene Selbstbewusstsein wird von der persönlichen Wahrnehmung der eigenen Person bestimmt. Dies gilt es zu verbessern. Grundsätzlich ist die Frage nach dem persönlichen Selbstwert eine äußerst subjektive Angelegenheit.

Durch positive und negative Erfahrungen kommt jeder Mensch aufgrund seiner eigenen Stärken und Schwächen zu einem sehr unterschiedlichen Ergebnis. Oft werden durch äußere Einflüsse gute Eigenschaften in den Hintergrund gedrängt.

ASIN (eBook):

Hinweis: Jetzt auch als Taschenbuch (ISBN): **In Kürze**

Effektivität im Leben

Frei nach dem Motto „Die richtigen Dinge tun und die Dinge richtig tun" bekommen Sie auf den nächsten Seiten viele Anregungen, wie Sie bestimmte Situationen in Ihrem Leben besser meistern können. Die Tipps sind in unterschiedliche Bereiche unterteilt, um einen besseren Überblick zu bekommen. Sie finden Anregungen in den Bereichen Arbeitsumfeld, Glück und Zufriedenheit, effektives Lernen sowie Gesundheit und Fitness.

Frei nach dem Motto „Die richtigen Dinge tun und die Dinge richtig tun" bekommen Sie auf den nächsten Seiten viele Anregungen, wie Sie bestimmte Situationen in Ihrem Leben besser meistern können.

ASIN (eBook): **B00P1SRMAC**

Hinweis: Jetzt auch als Taschenbuch (ISBN): **In Kürze**

Aktives Zeitmanagement

Sowohl für das Privatleben als auch für das berufliche Agieren gilt, besonders sorgsam mit der knapp bemessenen Zeit umzugehen. Die folgenden 100 Tipps geben dem Leser die einmalige Chance, sich auf das wirklich Wesentliche zu beschränken und möglichst keine Zeit mit unnötigen Aufgaben zu verschwenden. Es werden Wege aufgezeigt, um den persönlichen Umgang mit der Zeit zu optimieren. So gewinnt der Einzelne einfach mehr Zeit für die wichtigen Dinge im Leben.

ASIN (eBook): **B00NWDZRR8**

Hinweis: Jetzt auch als Taschenbuch (ISBN): **In Kürze**

Besser Schlafen lernen

Die beste Idee oder die tollste Innovation lassen sich nicht vermitteln, wenn diese mit einer schlechten Präsentation dargeboten wird. Im Zeitalter eines ständig wachsenden Informationsangebotes und einer permanenten Reizüberflutung wird es für Sie immer wichtiger, Ihrem Publikum in kürzester Zeit die wesentlichen Informationen zu vermitteln.

Grundsätzlich ist es ein langer Weg bis zum absoluten Präsentations-Profi. Hier gilt die alte Weisheit: „Übung macht den Meister". Versuchen Sie permanent an Ihren Fähigkeiten im Zusammenhang mit dem Präsentieren zu arbeiten. Diese 100 Tipps bieten eine Fülle an Ansätzen für die persönliche Verbesserung. Nutzen Sie diese Chance.

ASIN (eBook): **In Kürze**

Hinweis: Jetzt als Taschenbuch (ISBN): **9781091148956**

Wie hat Ihnen dieses Buch gefallen?

Unser kleines Team von Spezialisten ist bereits seit 1993 als Redaktionsbüro für die unterschiedlichsten Medien tätig. Bereits zu Beginn der Arbeit gehörte die Veröffentlichung von diversen Fachbüchern dazu.

Daher werden wir diesen Titel weiterhin pflegen und erweitern. Wir freuen uns über Ihre Meinung. Schreiben Sie uns an ebookguide@t-online.de oder an ebook@ebookblog.de mit dem Betreff „100 Tipps für eine bessere Präsentation".

Unser Tipp: Beachten Sie bitte unseren Update-Service für diesen Titel!

Hinweis in eigener Sache, Rechtliches, Impressum

Cover-Foto: © pixel_dreams - Fotolia.com

Vielen Dank

Wilfred Lindo

Internet: http://www.streamingz.de

Twitter: http://www.twitter.com/ebookguide

Facebook: https://www.facebook.com/streamingz.de

NEU: Die Seite zu smarten Lösungen: www.smartwatchz.de

Herausgegeben von:

ebookblog.de / ebookguide.de

Redaktionsbüro Lindo

Dipl. Kom. Wilfred Lindo

12349 Berlin

E-Book-Produktion und -Distribution

Redaktionsbüro Lindo

Scan mich! Weitere Ratgeber, die ebenfalls für Sie interessant sind! Unter **Biohacking24.de**

Aktuelles zum Titel

Eine Besonderheit dieses eBooks ist die regelmäßige Weiterentwicklung. Mit neuen Updates bei den verschiedenen Plattformen kommen auch neue Funktionen und Anwendungen auf Sie zu. Daher erhalten Sie in regelmäßigen Abständen zu diesem Buchtitel ebenfalls entsprechende Updates.

Dabei existieren einige Grundvoraussetzungen, um stets in den Genuss der aktuellsten Version des vorliegenden eBooks zu kommen. Diese Bedingungen sind allerdings bei jeder Angebotsplattform verschieden:

Amazon: Über die sogenannte *Buchaktualisierung* lassen sich Updates, die der betreffende Autor von seinem Titel eingespielt hat, automatisch über das Kindle-System einspielen. Um in den Genuss dieses Updates zu kommen, müssen Sie allerdings über Ihr Kindle-Konto die *Buchaktualisierung* einschalten. Sie ist standardmäßig nicht aktiv.

Webseite: Wir informieren Sie über unsere Webseite über aktuelle Updates unserer Titel.

Update-Service

Beachten Sie bitte unseren **Update-Service** für diesen Titel! Scan mich!

Bildnachweis

Bilder, die nicht gesondert aufgeführt werden, unterliegen dem Copyright des Autors.

Historie

Aktuelle Version 2.01